CB064964

COZINHA PRÁTICA

CHURRASCO

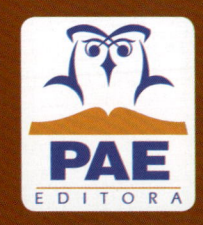

COZINHA PRÁTICA
CHURRASCO

PAE
EDITORA

Editor
Cristian Muniz

Coordenação Pedagógica e Editorial
Geovana Muniz

Capa, Projeto Gráfico e Editoração Eletrônica
WK Editorial

Dados Internacionais de Catalogação na Publicação (CIP)
(Câmara Brasileira do Livro, SP, Brasil)

Cozinha prática : churrasco / [editor Cristian Muniz]. -- São Paulo : PAE Editora, 2017.

1. Churrasco - Culinária 2. Receitas I. Muniz, Cristian.

14-06835   CDD-641.578

Índices para catálogo sistemático:
1. Churrasco : Culinária 641.578

Impresso na China

Todos os direitos desta edição reservados à
PAE Editora
Av. Rudge, 346
01134-000 - São Paulo - SP
Tel: 11 3222-9015
www.pae.com.br

Sumário

6	História do Churrasco	36	Capa de Filé
7	O Churrasco no Brasil	37	Maminha de Cordeiro
8	Escolhendo o melhor corte para o melhor churrasco	38	Salmão Grelhado ao Mel
9	Carnes preferidas para o churrasco	39	Camarões no Bacon
10	Churrasqueira	40	Cupim Brasado
12	Churrasco de Picanha	41	Costela de Tira
13	Picanha no Alho	42	Costelinha de porco ao molho barbecue caseiro
14	Picanha com Malzbier	43	Batata Grelhada
15	Pernil de Cordeiro	44	Polenta Grelhada
16	Pernil na Churrasqueira	45	Linguiça Assada
17	Churrasco de Maminha	46	Linguiça Toscana
18	Churrasco no Molho de Soja	47	Picanha à Provençal
19	Filé mignon ao Molho Pesto	48	Cupim de Churrascaria
20	Mignon no Mel e Gengibre	49	Picanha com Parmesão
21	Kafta	50	Lombo com Parmesão
22	Kebab de Carne e Legumes	51	Carré de Cordeiro
23	Contrafilé na Brasa	52	Asinha de Frango
24	Bife de Chorizo	53	Medalhão de Frango
25	Costela no Bafo	54	Panceta
26	Fraldinha na Mostarda	55	Pacu Assado
27	Bife na Grelha	56	Pasta de Alho para churrasco
28	Costeleta de Cordeiro	57	Farofa
29	Churrasco Gaúcho	58	Pão de Alho
30	Costela Recheada	59	Anéis de Cebola
31	Lombo de Porco	60	Drummets e Tulipas com Limão e Mel
32	Churrasco de gringo	61	Molho de Mostarda
33	Medalhão de Maminha	62	Farofa de Milho
34	Maminha Suína	63	Equivalência de Pesos e Medidas
35	Coração de frango no espeto		

História do Churrasco

Assar a carne de animais de diferentes tipos na brasa é algo bem antigo, que remonta aos primórdios da humanidade. São bastante comuns os achados de arqueólogos de pinturas rupestres de milhares de anos atrás retratando sociedades de caçadores-coletores onde as tarefas que cabiam aos machos de nossa espécie era justamente caçar animais para assá-los na brasa. A origem do churrasco está ligada ao domínio do fogo pelo homem. Conta a lenda que o homem só descobriu o fogo porque precisava achar uma forma de preparar um bom churrasco de dinossauro.

Se perguntar a um brasileiro quem é o criador do churrasco, ele certamente responderá que é um gaúcho. Se perguntar a um argentino ele dirá que foi um conterrâneo e, assim por diante. Assar carnes na brasa ou fogo tem sido um dos métodos mais utilizados pelo homem e as mais diversas culturas se utilizam deste método de cozimento. Portanto o churrasco é universal. Não podemos atribuir sua invenção a nenhum povo em especial.

A palavra churrasco originou-se em uma palavra muito antiga, anterior à presença dos romanos na Península Ibérica, formada por ´su´ (fogo) e ´karra´ (chama). Este vocábulo apareceu primeiramente em castelhano sob a forma ´socarrar´ e ao longo dos séculos derivaram-se diversas variantes dialetais na Espanha, das quais a que nos interessa é ´churrascar´, do andaluz e do leonês berceano, de onde provém a voz rioplatina e brasileira churrasco. O etimologista catalão cita também o chilenismo ´churrrasca´ (folha de massa frita).

O Churrasco no Brasil

A princípio, o churrasco na forma pela qual o conhecemos era raríssimo, pois, antigamente não havia a preocupação com o comércio da carne bovina, mas sim com a obtenção de couro e de sebo. Muito tempo decorreu para que o tosco churrasco dos festins populares dos pampas pudesse tornar-se um prato sofisticado, consumido nos melhores restaurantes do país. Originário do Rio Grande do Sul surgiu, no século XVII, durante as famosas vacarias, os vaqueiros, depois de correrem, cercarem e matarem os bois cortava o pedaço mais fácil de partir e o assavam inteiro em um buraco aberto no chão.

No final do século XXII, o churrasco tornou-se uma prática mais difundida, criando-se, assim, novas técnicas para o seu preparo, surgiram os cortes especiais da carne: a costela, a paleta e o matambre – este último nome proveniente do espanhol mata hambre (mata fome) pelo fato de ser um pedaço de carne duro e de cozimento demorado, em geral o primeiro a ser comido pelo gaúcho.

No Paraná, inventaram o espeto corrido, uma churrascada semelhante a anterior, só que com maior quantidade de carne. Esses dois estilos popularizaram-se entre os caminhoneiros que frequentam os restaurantes à beira das estradas. Levado para as cidades, o churrasco chegou à mesa dos brasileiros, que aos domingos se reúnem ao redor de uma churrasqueira para apreciá-lo.

Escolhendo o melhor corte para o melhor churrasco

Conhecer o corte é indispensável para alguém que quer fazer um bom churrasco, o grande segredo é a maneira de como se cortar a carne, um corte errado consegue estragar uma bela picanha transformando-a em um bifinho caseiro e duro. Para um bom corte veja as dicas a seguir:

- Você deve sempre fazer os cortes no sentido vertical e a favor das fibras;
- Nunca deve se cortar a carne diretamente na pia de aço inoxidável ou mármore. A tábua de carne é a base ideal para realização dos cortes;
- A faca utilizada para o corte deve ser muito afiada e de aço inoxidável, deve ser usada apenas para a realização do corte para que deslizem na carne com uma leve pressão;
- Prefira sempre as facas sem serra, pois a serra rasga a carne;
- Enquanto a carne não descongelar completamente ela nunca deve ser assada, grelhada ou cozida, pois ela fica impossível de se mastigar;
- A carne deve ser congelada apenas uma vez e ao congelar várias peças de carnes juntas, coloque-as entre papel absorvente para não se colarem.

Carnes preferidas para o churrasco

Picanha – a mais desejada

A picanha é a carne mais valorizada nos churrascos, o principal truque para acertar é escolher uma peça com gordura uniforme de um centímetro de espessura, cobrindo toda a peça, sem falhas, o tamanho da peça não determina se ela será macia ou não, mas sim a gordura e o marmoreio, que é a existência de gordura entremeada em toda a carne.

O corte dos bifes tem que ter pelo menos 2 centímetros de espessura, pois pedaços muito finos não vão ficar macios na grelha. Para assar no espeto, o interessante são bifes com 5 a 6 centímetros de espessura, o corte deve ser feito no sentido da gordura para a carne. Outro detalhe é a temperatura da brasa que deve estar bem quente, mas sem fogo alto, a carne deve ser posta na brasa de um lado, quando o sangue subir na superfície, ela deve ser virada e o mesmo deve ser feito do lado seguinte.

Acerte nas quantidades e evite o desperdício

Um bom churrasco deve ser aquele em que não falta carne e nem sobra, para isso o ideal é calcular 400 gramas de carne crua por pessoa, para um churrasco de até quatro horas de duração e em que haja guarnições, como saladas, arroz, pães, etc.

Costela, Bisteca e T-bone – sabor que vem do osso

Na costela, é interessante optar por uma capa de gordura que tenha uma espessura, de 5 a 6 centímetros, e que a sua coloração seja branca ou amarelo claro. O segredo da costela macia é a gordura e assá-la em fogo baixo, deixando a peça bem alta na churrasqueira. No caso da bisteca e do T-bone cortes com osso, o segredo também está na espessura do bife, que deve ser de pelo menos 2 centímetros, é fundamental observar o marmoreio e uma coloração avermelhada, nem muito escuro e nem claro, mas vermelho vivo.

Maminha, Fraldinha e Contrafilé

Carnes como a maminha, a fraldinha e o contrafilé devem ser cortadas na transversal, ou seja, do lado contrário da fibra da carne. A maminha e o contrafilé são carnes de preparo rápido, ou seja, podem ser assadas na brasa quente, sem fogo alto, em bifes grossos de pelo menos um centímetro de espessura. Em minutos elas ficam prontas. Também devem ser preparadas da mesma forma que a picanha. Quando o sangue levanta de um lado, é só virar uma vez e esperar o mesmo ocorrer com o lado de cima da carne. Já a fraldinha fica muito gostosa se assada inteira, em fogo médio.

Churrasqueira

Ela deve ser de fácil limpeza, manter o calor e ser funcional permitindo o uso adequado dos espetos, grelha e a chapa. Um bom arquiteto poderá projetar uma boa churrasqueira. Um dos segredos do churrasco bem feito é o calor das brasas e nunca a chama. O combustível é o carvão.

COMO ACENDER FOGO NA CHURRASQUEIRA

Existem várias formas de acender o fogo na churrasqueira, porém muito destas formas não são práticas ou demandam muito tempo do churrasqueiro, como usar ventilador, abanadores ou similares e outras perigosas fazendo uso excessivo de álcool líquido por exemplo e outras até mesmo muito demoradas ou ineficientes.

Porém existe uma forma de acender o fogo da churrasqueira que é muito eficiente, rápido, prático e seguro. Se você é um churrasqueiro de primeira viagem esta dica é para você, siga a dica abaixo e aprenda a acender o fogo na churrasqueira de maneira eficaz!

Passo a passo de como acender uma churrasqueira:

1. O primeiro passo e o mais óbvio é jogar o carvão na churrasqueira.

2. Agora você vai usar o próprio papelão do saco de carvão, rasgue de um a 3 pedaços grandes e faça cones ou saquinhos com eles.

3. O tamanho da sua churrasqueira é que vai determinar a quantidade de cones que vai precisar usar, normalmente é preciso usar 2 em churrasqueiras pequenas onde o carvão não fica muito espalhado e 3 no caso de churrasqueiras grandes onde o carvão fica muito espalhado.

4. Coloque um dos cones no meio do carvão e os outros distribua em outras partes.

5. Coloque óleo de cozinha dentro de cada cone

6. Acenda cada cone na ponta de forma que o fogo vá de cima pra baixo até chegar onde está o óleo.

7. Após isso só é preciso esperar que em questão de 5 a 10 minutos no máximo o fogo estará bem espalhado e forte com todos os carvões em brasa.

8. Se no seu churrasco estão incluídas linguiças, então opte por colocar algumas no espeto e já coloque no fogo antes das demais carnes, ao fazer isso a linguiça vai começar a pingar e acenderá ainda mais o fogo.

Além de todas as vantagens descritas anteriormente este método não envolve riscos por não envolver líquidos altamente inflamáveis e explosivos como o álcool e também não envolve muitos gastos, pois se usa o que geralmente pode ser encontrado em casa.

SALGANDO A CARNE

O sal do churrasco é o sal grosso. Está na origem histórica. O sal grosso nunca erra.

Meia hora antes de dar início ao trabalho de assar a carne salgue-a. Ponha a carne na gamela e esfregue o sal com as mãos. Espete e leve ao fogo, com a parte mais gordurosa para baixo, como o caso da picanha.

Importante: para tirar o sal, quando a carne está pronta, segure o espeto no ar ainda dentro da churrasqueira e bata com as costas da faca.

Nunca salgue o churrasco com sal fino de cozinha. Certamente o sal vai grudar e a carne ficará por demais salgada.

Se não tiver sal grosso, faça com o sal fino uma salmoura e vá borrifando periodicamente na carne, sem tirá-la do fogo.

O tempo médio para a preparação de cada tipo de carne, é aproximadamente 40 minutos.

Obs.: as peças sendo em postas levam aproximadamente 20 minutos.

ASSANDO A CARNE

Assar significa expor a carne rápida e diretamente a uma fonte de calor.

A proteína da carne, a albumina, como autoproteção, coagula-se rapidamente formando uma camada impermeável que bloqueia a saída do sumo. A carne se contrai e fica levemente crestada. As gorduras que não coagulam neste processo, são destiladas e pingam sobre as brasas. É hora de virar o espeto, repetindo tudo de novo.

A temperatura interna da carne aumenta e o sumo não se perde. A água se volatiza.

Quando a carne passa do ponto, fica excessivamente seca, perde água demais.

O tempo que leva um churrasco para assar depende do calor da churrasqueira, das carnes escolhidas, dos cortes, da qualidade do carvão.

Ingredientes

- 1 peça de picanha de 1,5 kg
- 1 xícara de sal grosso para churrasco

Churrasco de Picanha

1. Limpe a picanha muito bem, retirando as gorduras e os nervos.

2. Cubra a peça toda com o sal, massageando bem.

3. Espete a carne em um espeto de churrasco e leve à churrasqueira quente com a capa de gordura virada para baixo.

Tempo de preparo

50 min

Rendimento

10 porções

Ingredientes

- 1 peça de picanha (cerca de 1 kg e 100 g)
- 100 g de manteiga
- Sal grosso a gosto
- 1 cabeça de alho triturado

A picanha no alho é uma das receitas clássicas que não podem faltar no seu churrasco, além de ser uma boa forma de inovar um corte que já faz sucesso mesmo quando preparado sem o alho. O segredo da receita é embrulhar a carne em papel de alumínio e assar na churrasqueira, assim ela adquire uma consistência macia.

Picanha no Alho

1. Com o auxílio de uma faca, fure a peça de picanha e reserve, misture a manteiga com o sal ou tempero pronto de sua preferência e o alho amassado.

2. Espalhe essa mistura por toda a carne, embrulhe-a em papel de alumínio e asse na churrasqueira até que ela adquira uma consistência macia e esteja no ponto de sua preferência.

3. Corte a carne em fatias e sirva a seguir.

Tempo de preparo
30 min

Rendimento
4 porções

Ingredientes

- 3 bifes de picanha
- Sal grosso a gosto
- 1/2 lata de cerveja Malzbier

Picanha com Malzbier

1. Em uma vasilha tempere a picanha com sal grosso e a cerveja malzbier. Deixe marinar por 10 minutos.

2. Após marinado leve à churrasqueira em fogo brando. Quando estiver dourado, retire da churrasqueira.

Tempo de preparo

30 min

Rendimento

10 porções

Pernil de Cordeiro

Carne

1. Faça furos razoavelmente profundos e uniformes ao longo da superfície da carne. Nestes furos coloque o mais fundo possível, alho fatiado e algumas folhas de alecrim fresco.

2. Faça talhos de meio centímetro de profundidade entre os furos. Em uma vasilha, macere a erva-doce, a pimenta, o cominho e o sal e junte às raspas e ao suco do limão siciliano. Esfregue a mistura com força sobre toda a superfície da peça para penetrar bem. Cubra com filme plástico ou coloque dentro de um saco de marinar. Deixe na geladeira até o dia seguinte, ou por no mínimo 12h.

3. Em uma assadeira, coloque um pouco de água, as folhas do louro ou de limão kaffir e o anis estrelado. Junte a carne e leve ao forno alto pré-aquecido e deixe assar por 20 minutos.

4. Depois baixe a temperatura para média e asse por mais uma hora e meia, ou até a carne ficar macia e dourada. Se tiver uma grelha, leve a carne à brasa para dourar.

5. Pronto o assado, retire-o da assadeira e deixe descansar em uma tábua ou superfície antes de fatiar. Reserve o caldo do cozimento.

Molho

1. Leve a assadeira com o caldo do cozimento da carne direto ao fogo no fogão e acrescente meia garrafa de cerveja preta.

2. Raspe bem o fundo da assadeira juntando todos esses sabores que saíram da carne e deixe essa mistura reduzir à metade em chama média. Junte um punhado de hortelã e deixe descansar por alguns minutos antes de servir junto com o cordeiro.

Ingredientes

Carne
- 1 peça de cordeiro (preferência pernil ou paleta)
- 1 cabeça de alho
- 2 ramos de alecrim fresco
- Erva-doce a gosto
- Pimenta-do-reino (branca, preta e rosa) a gosto
- Cominho a gosto
- Sal a gosto
- 1 limão siciliano
- 4 folhas de louro ou de limão kaffir
- 3 unidades de anis estrelado

Molho
- Caldo do cozimento da carne
- 1 punhado de hortelã
- 1 garrafa de cerveja preta amarga (long neck)

Tempo de preparo
120 min

Rendimento
4 porções

Ingredientes

- 1 peça de pernil de porco (1,5 kg)

Marinada

- 1/2 xícara de molho inglês
- 2 colheres (sopa) de mel
- 2 colheres (chá) de vinagre de cidra
- 1/2 colher (chá) de sementes de mostarda
- 1/2 colher (chá) de mostarda em pó
- 1/2 colher (chá) de sal de aipo
- 1 dente de alho picado

Pernil na Churrasqueira

1. Coloque todos os ingredientes da marinada em um saco de plástico e misture bem.

2. Coloque a carne dentro do saco, retire o máximo de ar possível, feche e leve à geladeira por 2 horas, virando de vez em quando.

3. Descarte a marinada e asse a carne na churrasqueira (no calor indireto) por 1 hora e meia a 2 horas. A temperatura interna da carne deve ser de 70ºC.

Tempo de preparo

120 min

Rendimento

10 porções

Ingredientes

- 1/4 xícara (60 ml) de shoyu
- 1/4 xícara (60 ml) de azeite
- 2 colheres (sopa) de água
- 2 dentes de alho picados
- Pimenta-do-reino a gosto
- 2 kg de maminha cortada em bifes grossos

Churrasco de Maminha

1. Misture o shoyu com o azeite, a água, o alho e tempere com pimenta a gosto.

2. Coloque a maminha na marinada e leve à geladeira, coberta, por 4 horas.

3. Asse os bifes de maminha na churrasqueira por 5 minutos de cada lado, ou como desejar.

Tempo de preparo
5
horas

Rendimento
4
porções

Ingredientes

- 4 dentes de alho
- 1 colher (chá) de gengibre fresco picado
- 1 cebola picada grosseiramente
- 2 1/2 xícaras (600 ml) molho de soja
- 1/4 xícara (60 ml) de óleo de gergelim
- 3 colheres (sopa) de molho inglês
- 2 colheres (sopa) de amaciante de carne sem tempero
- 1 xícara (200 g) de açúcar
- 900 g de fraldinha (retire o excesso de gordura)

Churrasco no Molho de Soja

1. Bata todos os ingredientes (menos a carne) no liquidificador até ficar homogêneo.

2. Despeje a marinada em um saco plástico ou em um refratário e coloque a carne, deixando a marinada cobrir bem. Deixe passar a noite na geladeira.

3. Preaqueça uma grelha ou churrasqueira. Asse a carne até o ponto desejado e sirva.

Tempo de preparo
30 min

Rendimento
10 porções

Ingredientes

- 4 dentes de alho
- 2 xícaras (85 g) de folhas frescas de manjericão
- 1/3 xícara (45 g) de pinoli
- 1/2 xícara (120 ml) de azeite extravirgem
- 1/2 xícara (40 g) de queijo parmesão ralado
- 1 1/2 colheres (sopa) de suco de limão
- 3/4 colher (chá) de pimenta-calabresa
- 170 g bifes de raquete (braço de paleta)
- 2 dentes grandes de alho picados
- Sal e pimenta-do-reino a gosto

Filé mignon ao Molho Pesto

1. Pique os dentes de alho no processador de alimentos.
2. Adicione o manjericão, o pinoli e misture bem.
3. Adicione o azeite de oliva em fio com o processador ligado.
4. Junte o queijo parmesão, o suco de limão e a pimenta-calabresa.
5. Tempere a gosto com sal e pimenta-do-reino e reserve.
6. Tempere a carne com o alho picado, sal e pimenta a gosto. Reserve.
7. Acenda uma churrasqueira ou esquente uma grelha ligeiramente untada.
8. Asse a carne até o ponto desejado, cobrindo de vez em quando com o molho pesto.
9. Depois de assada, cubra com o restante do molho e sirva.

Tempo de preparo

30 min

Rendimento

4 porções

Ingredientes

- 1/4 xícara (60 ml) de molho de soja (shoyu)
- 3 colheres (sopa) de mel
- 2 colheres (sopa) de vinagre de vinho branco
- 1/2 colher (chá) de gengibre em pó
- 1/2 colher (chá) de alho em pó
- 1/2 xícara (120 ml) de óleo vegetal
- 680 g de fraldinha

Mignon no Mel e Gengibre

1. Bata no liquidificador o molho de soja, o mel, o vinagre, o gengibre, o alho e o óleo.

2. Coloque a carne em uma travessa, faça furinhos com um garfo dos dois lados e despeje a marinada por cima, deixando cobrir por todos os lados.

3. Cubra e deixe passar a noite na geladeira.

4. Preaqueça e unte ligeiramente uma grelha ou churrasqueira.

5. Descarte a marinada e asse a carne dos dois lados até o ponto desejado. Sirva a seguir.

Tempo de preparo

30 min

Rendimento

10 porções

Ingredientes

- Espetinhos de bambu
- 4 dentes de alho picados
- 1 colher (chá) de sal
- 450 g de carne de cordeiro moída (ou carne de vaca)
- 3 colheres (sopa) de cebola ralada
- 3 colheres (sopa) de salsinha fresca picada
- 1 colher (sopa) de coentro em pó
- 1 colher (chá) de cominho em pó
- 1/2 colher (chá) de canela em pó
- 1/4 colher (chá) de pimenta-da-Jamaica em pó
- 1/4 colher (chá) de pimenta-caiena em pó
- 1/4 colher (chá) de gengibre em pó
- 1/4 colher (chá) de pimenta-do-reino

Kafta

1. Deixe os espetinhos de molho em água por 30 minutos.
2. Esprema o alho até formar uma pasta e misture com a carne.
3. Junte a cebola e todas as ervas, e misture até incorporar bem.
4. Coloque a carne nos espetos, modelando em forma de almôndegas se for mais fácil.
5. Coloque os espetos em uma assadeira, cubra e leve à geladeira por no mínimo 30 minutos.
6. Preaqueça e unte uma churrasqueira ou grelha. Asse os espetos até o ponto desejado e sirva.

Tempo de preparo
45 min

Rendimento
4 porções

Ingredientes

- 1/3 xícara de óleo vegetal
- 1/2 xícara de molho de soja (shoyu)
- 1/4 xícara de suco de limão
- 1 colher (sopa) de mostarda
- 1 colher (sopa) de molho inglês
- 1 dente de alho picado
- 1 colher (chá) de pimenta-do-reino
- 1 1/2 colheres (chá) de sal
- 680 g de carne cortada em cubos
- 16 cogumelos sem os talos
- 8 espetinhos
- 2 pimentões verdes, cortados em pedaços
- 1 pimentão vermelho, cortado em pedaços
- 1 cebola grande, cortada em pedaços grandes

Kebab de Carne e Legumes

1. Misture em uma tigela o óleo, o molho de soja, o suco de limão, a mostarda, o molho inglês, o alho, o sal e a pimenta.

2. Coloque dentro de um saco plástico, junte os pedaços de carne e deixe a marinada cobrir bem. Feche o plástico e deixe na geladeira durante a noite.

3. Coloque os cogumelos dentro do saco, aperte para o ar sair, feche e deixe na geladeira por mais 8 horas.

4. Preaqueça e unte ligeiramente uma churrasqueira ou grelha.

5. Retire a carne e o cogumelo da geladeira e despeje a marinada em uma panela. Ferva em fogo médio por 10 minutos, retire do fogo e reserve.

6. Coloque a carne e os legumes nos espetinhos alternadamente e leve para assar até dourar de todos os lados, virando frequentemente e regando com a marinada reservada. Sirva em seguida.

Tempo de preparo

30 min

Rendimento

10 porções

Ingredientes

- 1/2 xícara (120 ml) de azeite extravirgem
- 1/2 xícara (120 ml) de molho inglês
- 4 colheres (sopa) de alho picado
- 4 colheres (sopa) de tempero para carnes
- 1 colher (sopa) de vinagre de vinho tinto
- 1/2 colher (chá) de manjericão seco
- 1/2 colher (chá) de ervas finas
- 4 bifes de contrafilé

Contrafilé na Brasa

1. Em uma tigela, misture todos os ingredientes menos à carne. Despeje em um saco plástico.

2. Faça furinhos na carne com um garfo e coloque no saco. Feche bem e deixe marinando na geladeira por, no mínimo, 2 horas.

3. Acenda a churrasqueira ou esquente uma grelha levemente untada.

4. Descarte a marinada e asse os bifes por cerca de 7 minutos para cada lado, ou até o ponto desejado. Sirva a seguir.

Tempo de preparo

30 min

Rendimento

4 porções

Ingredientes

- 1,5 kg de bife de chorizo
- Sal grosso
- Cenoura
- Alho
- Pimenta-do-reino

O bife de chorizo um corte nobre, argentino, retirado do miolo do contrafilé. Uma carne macia, de sabor acentuado. Possui uma camada de gordura lateral que mantêm a umidade natural da carne.

Bife de Chorizo

1. Corte a peça em 3 partes de 20 cm, mais ou menos.

2. Corte em bifes grossos de 3 cm de espessura, no sentido longitudinal, com 18 a 20 cm de comprimento.

3. Polvilhe sal grosso nos dois lados da carne, e a pimenta-do-reino.

4. Coloque na chapa da grelha, com o alho e a cenoura cortados.

Tempo de preparo
30 min

Rendimento
10 porções

Ingredientes

- 1 peça de costela
- Sal grosso

Costela no Bafo

1. Polvilhe o sal grosso em toda a peça.
2. Coloque para assar por 4 horas em braseiro brando.
3. Vire de hora em hora.

Celofane

1. Polvilhe sal grosso em toda a peça e enfie no espeto.
2. Envolva com várias camadas de celofane especial para assados.
3. Amarre as pontas no espeto com tiras do próprio celofane.
4. Coloque para assar em braseiro médio, na parte mais alta da churrasqueira (60 a 70 cm do braseiro) por 3 horas de cada lado. Sirva em seguida.

Tempo de preparo

5 horas

Rendimento

4 porções

Ingredientes

- 1 peça de fraldinha
- Sal grosso
- 100 ml de mostarda

Fraldinha na Mostarda

1. Limpe bem a fraldinha. Abra-a e tempere com o sal grosso.

2. Coloque em uma grelha para ela ficar firme.

3. Coloque a carne na parte baixa da churrasqueira e asse por 5 minutos de cada lado pra selar.

4. Após selar, retire do fogo e com um pincel espalhe a mostarda sobre a fraldinha dos 2 lados. E volte ao fogo, até o ponto que desejar.

Tempo de preparo

30 min

Rendimento

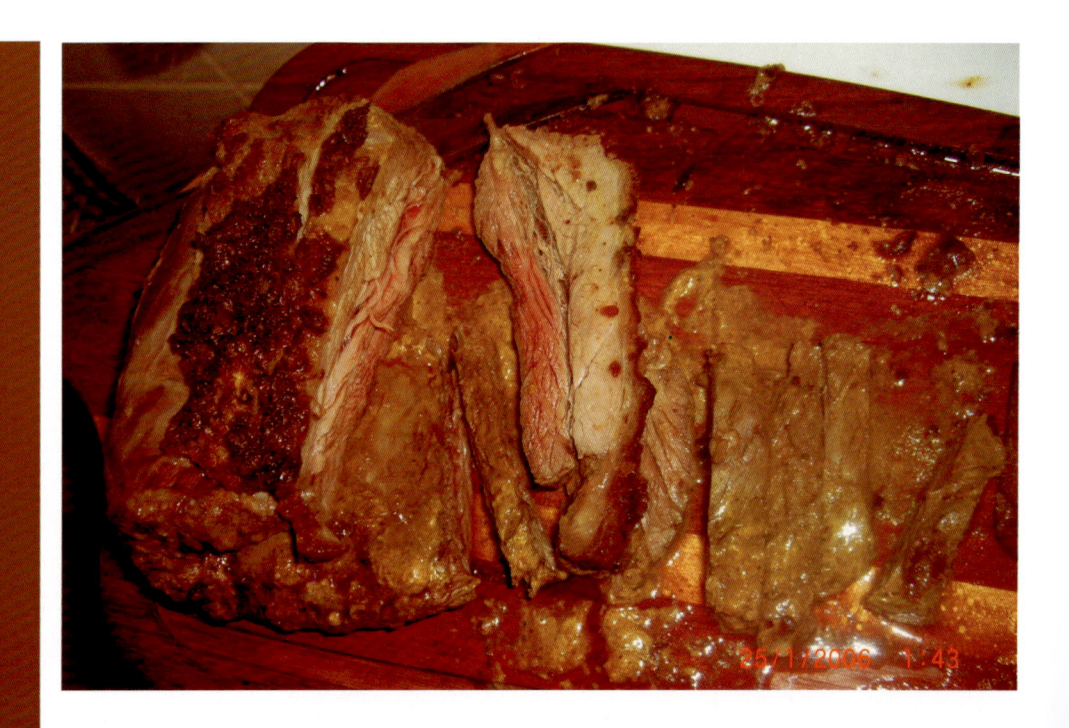

10 porções

Ingredientes

- 1/2 xícara (120 ml) de molho de soja (shoyu)
- 2 colheres (sopa) de açúcar mascavo
- 2 colheres (sopa) de suco de limão
- 2 colheres (sopa) de azeite
- 2 dentes de alho picados
- 1 colher (sopa) de cebola picada
- 1 colher (chá) de gengibre em pó
- 1/2 colher (chá) de pimenta-do-reino
- 670 g de bifes do vazio (fraldinha)

Bife na Grelha

1. Misture todos os ingredientes (menos a carne) e cubra os bifes.

2. Coloque-os em uma vasilha tampada e deixe na geladeira por 6 horas.

3. Preaqueça e unte ligeiramente uma churrasqueira ou grelha. Asse os bifes até o ponto desejado e sirva.

Tempo de preparo

30 min

Rendimento

4 porções

Ingredientes

- 120 ml de azeite
- 4 colheres (sopa) de suco de limão siciliano
- 1 colher (sopa) de tomilho fresco picado
- Sal e pimenta-do-reino moída na hora a gosto
- 12 costeletas de cordeiro

Costeleta de Cordeiro

1. Em uma vasilha pequena, faça um molho misturando o azeite, o suco do limão siciliano e o tomilho.

2. Acrescente sal e pimenta a gosto.

3. Em uma travessa, disponha as costeletas e tempere-as com o molho preparado, deixa-as cobertas por este molho.

4. Regue as costeletas com azeite e leve-as à geladeira por 1 hora.

5. Preaqueça a grelha ou churrasqueira em temperatura alta.

6. Coloque as costeletas na grelha, que deve ser untada com um pouco de óleo. Jogue fora o molho usado para marinar. Grelhe por 10 minutos, virando uma vez, ou até que atinja o cozimento desejado.

Tempo de preparo

120 min

Rendimento

10 porções

Ingredientes

- 1 peça de carne (costela), cerca de 2 kg
- Sal grosso a gosto

Churrasco Gaúcho

1. Coloque a carne no espeto, jogando bastante sal grosso por cima, pois ele vai ser absorvido pouco a pouco, acentuando o sabor da carne durante o cozimento.

2. Leve a carne ao braseiro. O ideal é que a carne fique a cerca de 30 cm a 40 cm da brasa – distância suficiente para receber o calor sem tostar, ficando cozida por dentro e mais macia. (Se for uma peça de costela, a distância deve ser de 80 cm; a peça pode levar até 4 horas para ficar pronta.) O processo exige paciência, mas o resultado compensa. Quando a carne estiver no ponto de sua preferência, tire o espeto da brasa, coloque-o sobre uma tábua e, antes de fatiar, dê pancadinhas na carne com a faca para tirar o excesso de sal.

Tempo de preparo

5 horas

Rendimento

4 porções

Ingredientes

- 3 a 4 kg de costela bovina
- 500 g de carne suína em um pedaço só
- Alho a gosto
- Azeitona picada
- Tempero verde a gosto
- 1 copo de cerveja clara
- Sal grosso a gosto

Costela Recheada

1. Faça uma bolsa na parte mais grossa da costela, mantendo as laterais e as bases presas; reserve.

2. Tempere a carne suína com o alho, azeitona picada, e o tempero verde a gosto; esfregue bem na carne e coloque-a no fundo da bolsa da costela bovina, pressionando levemente.

3. Transfira a costela para uma assadeira grande e regue-a com a cerveja, espalhando bem; em seguida, esfregue o sal grosso na costela.

4. Cubra com papel alumínio, prendendo bem nas bordas e leve ao forno quente por cerca de três horas.

5. Retire do forno, remova o papel alumínio e leve à churrasqueira até que a carne fique tostada por fora.

Tempo de preparo

4 horas

Rendimento

10 porções

Ingredientes

- 1 kg de lombo
- 15 cravos
- 2 lascas de canela
- 1 colher (sopa) de alecrim
- 4 dentes de alho picado
- 1/2 noz-moscada picada
- 2 limões espremidos
- 3 colheres (sopa) de óleo ou azeite

Lombo de Porco

1. Fatie o lombo (cerca de 1 quilo).

2. Coloque sobre ele todos os temperos citados acima, bem misturados, deixando em descanso por 6 horas antes de ir para a churrasqueira.

Tempo de preparo

7 horas

Rendimento

4 porções

Ingredientes

- 1 peça de T-Bone
- Chimichurri (tempero argentino) para pincelar o T-Bone
- Sal grosso

Churrasco de gringo

1. Pincele o T-bone com o tempero e passe o sal grosso.

2. Leve para assar na brasa ou grelha.

3. Antes de servir, bata para tirar o excesso de sal e sirva com chimichurri a parte.

Tempo de preparo

30 min

Rendimento

10 porções

Ingredientes

- 1 ponta de maminha
- Bacon em tiras
- Sal fino a gosto

Medalhão de Maminha

1. Corte a ponta da maminha em cubos, enrole com o bacon, espete com palitos (de madeira) para churrasco e adicione o sal nas laterais (onde não tem bacon).

2. Leve à churrasqueira em fogo brando.

3. Quando os espetinhos estiverem dourados, retire da churrasqueira.

4. Prato pronto é só servir e bom apetite!

O tempo de preparo depende do braseiro utilizado.

Vale lembrar que o fogo muito forte vai dourar por fora e não vai assar por dentro.

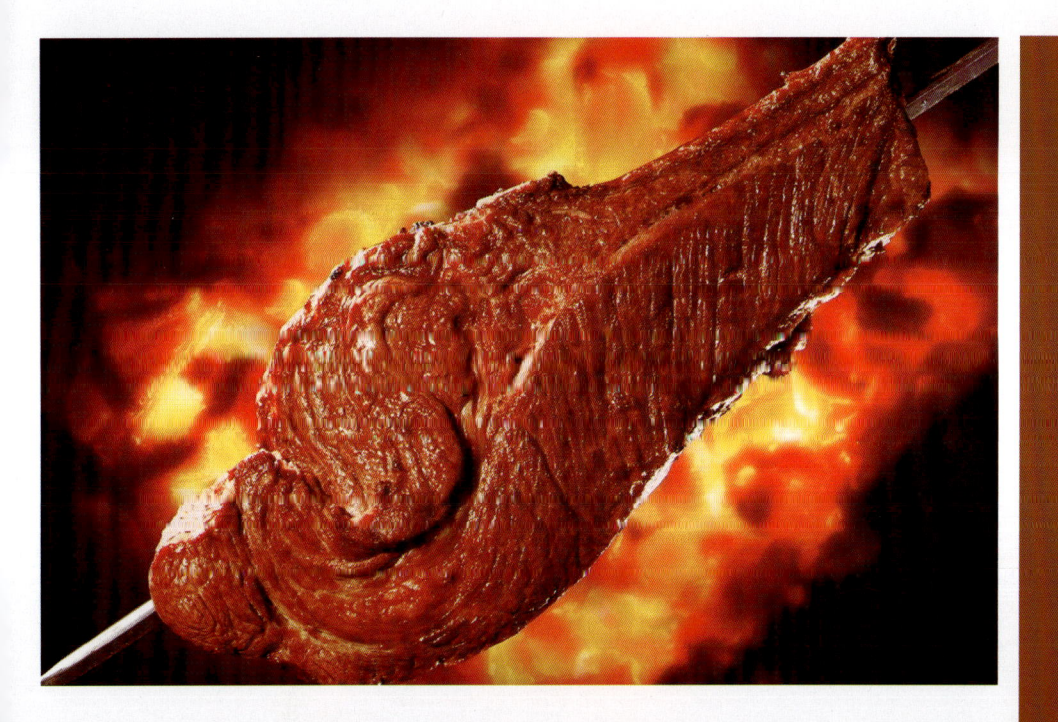

Tempo de preparo

30 min

Rendimento

4 porções

Ingredientes

- Maminha Suína (200g)
- 2 Limões
- Sal fino a gosto
- Alecrim a gosto

Maminha Suína

1. Marine a peça da maminha em limão, sal e alecrim por no mínimo 30 minutos, ou de um dia para o outro.

2. Leve à churrasqueira, em fogo médio, por aproximadamente 20 minutos. Quando estiver dourado por igual, é só servir.

O tempo de preparo depende do braseiro utilizado.

Vale lembrar que o fogo muito forte vai dourar por fora e não vai assar por dentro.

Bom apetite!

Tempo de preparo

30 min

Rendimento

10 porções

Ingredientes

- 1 kg de coração de frango limpo
- Sal e pimenta-do-reino a gosto
- 2 colheres (sopa) de óleo
- 2 cebolas em rodelas
- 1 pimentão verde em rodelas
- 1 pimentão vermelho em rodelas
- 2 colheres (sopa) de cheiro-verde picado
- Folhas de salsa para decorar

Coração de frango no espeto

1. Faça o tempero do coração com sal, pimenta e o óleo.

2. Coloque em um refratário médio e espalhe a cebola e o pimentão.

3. Cubra com papel-alumínio e leve para assar em forno médio, preaquecido, por 30 minutos.

4. Depois que tirar o papel, deixe no forno mais 10 minutos.

5. Polvilhe com o cheiro-verde.

6. Decore com folhas de salsa e sirva em seguida.

Tempo de preparo

30 min

Rendimento

4 porções

Ingredientes

- 1 peça de capa de filé, limpa, com uma pequena camada de gordura
- 1/2 copo (americano) de suco de laranja
- 1/2 copo (americano) de vinho branco seco
- 1 colher (chá) de glutamato monossódico (ajinomoto)
- 1 xícara (chá) de sal grosso

Capa de Filé

1. Misture o suco de laranja com o vinho branco e o ajinomoto.

2. Com o auxílio de uma seringa com agulha bem grossa injete a mistura por todo o interior da carne e deixe tomar gosto durante uma noite na geladeira.

3. Retire a carne da geladeira e deixe durante 1 hora em temperatura ambiente, em um recipiente fechado.

4. A seguir esfregue o sal grosso por toda a peça, enrole-a em 4 voltas de papel celofane especial para churrasco e leve-a à parte alta da churrasqueira (50cm) e deixe durante aproximadamente 2 horas.

5. Retire a carne do celofane com cuidado para não se queimar com o vapor que escapa nessa hora, e retorne a peça à churrasqueira, agora a uma distância de 20cm do braseiro durante apenas 3 minutos de cada lado, só para dourar. Sirva fatiado. É sucesso.

Tempo de preparo
120 min

Rendimento
10 porções

Ingredientes

- 1 Peça de maminha de cordeiro (aproximadamente 300 g)
- Alho a gosto
- Sal fino a gosto
- Pimenta do reino a gosto
- Alecrim a gosto
- Salsa desidratada a gosto
- Urégano a gosto
- Vinho branco a gosto

Maminha de Cordeiro

1. Tempere a maminha com alho, sal, pimenta-do-reino, alecrim, salsa desidratada, orégano, vinho branco e deixe marinar por aproximadamente 20 minutos.

2. Leve a churrasqueira, por aproximadamente 20 minutos.

3. Assim que a maminha estiver dourada, retire da churrasqueira e sirva.

Prato pronto é só servir e bom apetite!

Tempo de preparo

30 min

Rendimento

4 porções

Ingredientes

- 1 colher (chá) de gengibre em pó
- 1 colher (chá) de alho granulado
- 5 colheres (sopa) de molho de soja
- 5 colheres (sopa) de suco de laranja
- 4 colheres (sopa) de mel
- 1 cebolinha, picada
- 1 filé de salmão (680 g)

Salmão Grelhado ao Mel

1. Coloque em um saco de plástico tipo zip o alho, gengibre, molho de soja, suco de laranja, mel, a cebolinha e misture bem.

2. Coloque o salmão no saco e feche bem. Vire o saco com cuidado para distribuir a marinada. Leve à geladeira por 15 a 30 minutos.

3. Esquente a churrasqueira e unte a grelha com um pouco de óleo.

4. Retire o salmão da marinada, sacuda o excesso e descarte o restante da marinada.

5. Asse o peixe por 12 a 15 minutos para cada 2 cm de espessura, ou até o peixe cortar facilmente com um garfo.

Tempo de preparo

60 min

Rendimento

5 porções

Ingredientes

- 20 camarões grandes descascados e limpos
- 10 fatias de bacon cortadas ao meio
- Limão
- Alecrim
- Sal
- Cheiro verde

Camarões no Bacon

1. Preaqueça a churrasqueira ou grelha em fogo médio.

2. Envolva os camarões com bacon e prenda com palitos.

3. Tempere com limão e alecrim e cheiro verde.

4. Disponha os camarões em uma grelha levemente untada com óleo de cozinha.

5. Grelhe por 3 a 4 minutos, virando uma vez. Os camarões estarão prontos quando o bacon estiver assado.

Tempo de preparo

30 min

Rendimento

4 porções

Ingredientes

- 1,5 kg de cupim
- 1/2 pimenta-dedo-de-moça inteira
- 10 grãos de pimenta-do-reino-branca
- 3 dentes de alho inteiro
- 1 cubo de caldo de legumes
- 1 folha de louro
- Farinha de mandioca torrada
- Sal grosso fino ou sal moído na hora a gosto

Cupim Brasado

1. Em uma panela de pressão coloque o cupim, as pimentas, alho, caldo de legumes e a folha de louro. Cozinhe aproximadamente 1 hora abra e se não estiver cozido (macio) deixe por mais alguns minutos.

2. Quando estiver pronto, corte na espessura de 2 cm e coloque na grelha de uma churrasqueira com fogo bem forte, deixe dourar de um lado e depois do outro, retire coloque em uma tábua e corte em fatias, coloque o sal e passe na farinha (fica muito saboroso).

Este prato é apenas entrada para o churrasco.

Tempo de preparo

30 min

Rendimento

10 porções

Ingredientes

- 2 costelas de tira bovina
- Sal grosso a gosto
- Suco de 1/2 limão

Costela de Tira

1. Em uma vasilha tempere as costelas com sal grosso e suco de limão.
2. Leve à churrasqueira em fogo brando.
3. Quando as costelas estiverem douradas, retire da churrasqueira e acomode em um prato. Prato pronto é só servir e bom apetite!

O tempo de preparo depende do braseiro utilizado.

Vale lembrar que o fogo muito forte vai dourar por fora e não vai assar por dentro.

Tempo de preparo

30 min

Rendimento

4 porções

Ingredientes

- 2 kg de costela do lombo de porco
- 4 dentes de alho, fatiados

Temperos para a costela:
- 1 colher (sopa) de açúcar
- 1 colher (sopa) de páprica
- 2 colheres (chá) de sal
- 2 colheres (chá) de pimenta-do-reino moída
- 2 colheres (chá) de pimenta-chili em pó
- 2 colheres (chá) de cominho em pó

Molho barbecue:
- 1/2 xícara de açúcar mascavo
- 1/2 xícara de vinagre de cidra
- 1/2 xícara de ketchup
- 1/4 xícara de molho de pimenta
- 1/4 xícara de molho inglês
- 1 colher (sopa) de suco de limão siciliano
- 2 colheres (sopa) de cebola picada
- 1/2 colher (chá) de mostarda em pó
- 1 dente de alho, amassado

Costelinha de porco ao molho barbecue caseiro

1. Preaqueça o forno a 150ºC. Coloque a costela sobre a grelha em uma assadeira.

2. Espalhe os 4 alhos fatiados sobre a costela.

3. Cubra e asse a costela por 2 horas e meia.

4. Espere esfriar um pouco.

5. Em uma vasilha pequena, misture o açúcar, a páprica, o sal, a pimenta-do-reino, a pimenta chili e o cominho. Passe o tempero por toda a costela fria. Cubra e deixe-a na geladeira durante a noite.

6. No dia seguinte, faça o molho barbecue.

7. Em uma panela pequena, misture o açúcar mascavo, o vinagre de cidra, o ketchup, o molho de pimenta, o molho inglês, o suco de limão siciliano, a cebola, a mostarda e 1 dente de alho.

8. Cozinhe o molho destampado e em fogo médio durante 1 hora.

9. Reserve uma quantidade pequena para pincelar a costela e sirva o restante com a costela pronta.

10. Preaqueça a grelha da churrasqueira.

11. Coloque as costelas na churrasqueira.

12. Grelhe as costelas, cobertas por papel alumínio, por cerca de 12 minutos.

13. Pincele com o molho reservado, até ficarem coradas e caramelizadas. Sirva com o restante do molho.

Tempo de preparo
4 horas

Rendimento
8 porções

Ingredientes

- 4 batatas grandes cortadas em pedaços
- 2 colheres (sopa) de azeite
- 2 colheres (chá) de pimenta-do-reino
- 2 colheres (chá) de alho em pó
- 2 colheres (chá) de alecrim seco
- Sal a gosto

Batata Grelhada

1. Preaqueça e unte ligeiramente uma churrasqueira ou grelha.

2. Cozinhe a batata em água até ficar macia. Escorra bem e misture com o azeite, sal, pimenta e o alecrim.

3. Coloque as batatas na grelha com a casca virada para baixo e asse por cerca de 15 minutos.

4. Retire, coloque em um prato e cubra com o azeite temperado que sobrar.

Tempo de preparo

30 min

Rendimento

4 porções

Ingredientes

- 375 g de polenta instantânea
- 2 colheres (sopa) de azeite de oliva
- 150 g de queijo gorgonzola

Polenta Grelhada

1. Prepare a polenta de acordo com as instruções da embalagem.

2. Despeje em refratário untado enquanto ainda estiver quente e deixe esfriar até endurecer (ou deixe passar a noite na geladeira).

3. Preaqueça uma churrasqueira ou grelha.

4. Pincele o azeite sobre a polenta e corte-a em quadrados.

5. Leve cada pedaço para grelhar com o lado com azeite para baixo por cerca de 1-2 minutos. Vire, coloque 1 colher (chá) de queijo esfarelado sobre cada pedaço, tampe a churrasqueira e asse até o queijo derreter. Transfira para uma travessa e sirva.

Tempo de preparo

30 min

Rendimento

10 porções

Ingredientes

- 1 kg de linguiça fresca tipo toscana
- 6 fatias de limão
- 5 pães franceses fatiados

Linguiça Assada

1. Separe os gomos da linguiça e disponha em uma assadeira.

2. Leve ao forno alto, preaquecido, por 15 minutos ou até dourar.

3. Abaixe o forno para médio e asse por mais 15 minutos ou até dourar.

4. Retire do forno, corte em fatias, esprema o limão por cima e sirva com as fatias de pão.

Tempo de preparo

30 min

Rendimento

4 porções

Ingredientes

- 1 kg de Linguiça toscana

Linguiça Toscana

A linguiça toscana é a melhor linguiça para churrasco, pois é feita de carne de porco e toicinho moído, o que mantém úmida, após churrasqueada. Pode ser preparada na grelha ou no espeto. Costuma-se calcular 3 gomos de linguiça por pessoa.

Sirva com farinha de mandioca.

1. Retire o barbante que une os gomos, separando-os.

2. Espere que a grelha esteja bem quente e o braseiro, forte.

3. Coloque os gomos de linguiça aos poucos, para que não fiquem todos prontos ao mesmo tempo.

4. Use um pegador para virar, a fim de que cozinhem por igual de todos os lados e não se queimem. Quando adquirirem uma cor bem dourada, estarão prontos. Retire da grelha e corte em rodelas não muito pequenas, servindo ainda bem quentes.

Tempo de preparo

30 min

Rendimento

10 porções

Ingredientes

- 500 g de Picanha
- Sal grosso a gosto

Molho a Campanha
- 100 g de Manga
- 80 g de Tomate
- 50 g de Cebola
- Azeite a gosto
- Vinagre a gosto
- Sal a gosto

Farofinha de Cebola
- 30 g de Cebola
- 30 g de Manteiga
- 0,5 g de Urucum
- 35 g de Farinha flocada de mandioca

Pão de alho com Catupiry
- 0,5 g de Alho
- 20 g de Margarina
- 20 g de Maionese
- 20 g de Catupiry
- 4 pães franceses

Marinada Chimichurri
- 200 ml de Azeite
- 10 g de Chimichurri

O chimichurri é um molho tradicional na Argentina e no Uruguai, usado principalmente para fazer churrascos. Pode ser usado tanto para marinar a carne antes de fazer o churrasco, como para molhar a carne enquanto está sendo assada, ou mesmo para temperar depois de pronta. O chimichurri é um molho à base de salsinha, alho, cebola, tomilho, orégano, pimenta-vermelha moída, pimentão, louro, pimenta-do-reino negra, mostarda em pó e salsão. É bastante comum variações entre o uso do orégano e manjericão, mas em ambas as misturas o sabor é incrível.

Picanha à Provençal

1. Corte a Picanha em formato borboleta, deixe descansar por 30 minutos na marinada de chimichurri com azeite.

2. Depois passe sal groso, e coloque para assar na churrasqueira por mais ou menos 20 minutos ou até o ponto desejado.

3. Misture os ingredientes do molho a campanha e tempere com vinagre, azeite e sal.

4. Doure a cebola na manteiga depois acrescente o urucum e a farinha de mandioca, misture bem.

5. Triture o alho, a manteiga, o catupiry e a maionese. Bata bem ate ficar uma pasta e passe em uma bisnaga de pão cortada em tiras.

6. Coloque para assar.

Tempo de preparo

40 min

Rendimento

5 porções

Ingredientes

- 1 peça de cupim
- Folhas de louro a gosto
- Sal grosso a gosto
- Sal fino a gosto
- Vinagre a gosto
- Alecrim a gosto
- Tomilho a gosto
- Cheiro verde a gosto
- Azeite a gosto
- 2 Tiras de bacon
- 2 Fatias de abacaxi

Cupim de Churrascaria

1. Em uma panela de pressão coloque o cupim, folhas de louro, sal grosso e adicione água até cobrir totalmente a carne, leve ao fogão, assim que começar a ferver deixe mais 30 minutos e desligue.

2. Tire a pressão da panela, retire a carne, com uma faca faça furos, para que o cupim absorva mais o tempero.

3. Em um recipiente coloque o sal fino, vinagre, alecrim, tomilho, cheiro verde e o azeite, misture tudo, passe no cupim, enrole as fatias do bacon, com as fatias do abacaxi coloque uma de cada lado da carne e enrole com o papel alumínio.

4. Leve ao fogo brando por aproximadamente 4 horas.

5. Verifique se o cupim está ao ponto e coloque para dourar.

Tempo de preparo

5 horas

Rendimento

8 porções

Ingredientes

- Parmesão ralado grosso
- 1 peça de picanha fatiada

Picanha com Parmesão

1. Corte a picanha em fatias médias, asse ao ponto, retire e faça uma fenda com a faca e polvilhe parmesão ralado.

2. Volte à churrasqueira para derreter o queijo, retire para servir e bom apetite.

Tempo de preparo

20 min

Rendimento

5 porções

Ingredientes

- De 3 a 4 kg de lombo de porco fresco, inteiro
- Suco de 2 limões
- Sal grosso
- 200 g de queijo parmesão ralado

Lombo com Parmesão

1. Corte o lombo ao meio, no sentido do comprimento, de modo que fiquem duas lâminas.

2. Esfregue a carne com suco de limão e sal grosso.

3. Coloque a carne em espeto duplo.

4. Leve o espeto a meia altura da churrasqueira, com braseiro médio.

5. Quando começar a dourar, polvilhe o queijo e volte o espeto à churrasqueira até o queijo ficar dourado e crocante.

6. Sirva cortado em fatias não muito finas, com pedaços de limão.

Tempo de preparo

50 min

Rendimento

12 porções

Ingredientes

- 5 carrés de cordeiro
- Azeite a gosto
- Sal fino a gosto
- Folhas de hortelã fresca a gosto
- Alecrim fresco a gosto

Carré de Cordeiro

1. Em um pilão adicione o azeite, o sal, a hortelã e o alecrim e amasse com o socador.

2. Com a mistura pronta, tempere os carrés, acomode em uma grelha sardinheira e leve a churrasqueira em fogo brando.

3. Quando os carrés estiverem dourados, retire da churrasqueira e acomode em um prato.

Tempo de preparo

50 min

Rendimento

5 porções

Ingredientes

- 200 g de asinha de frango
- Sal fino a gosto
- Shoyo a gosto

Asinha de Frango

1. Em uma vasilha tempere as asinhas com sal e shoyo.

2. Utilizando um espeto de alumínio duplo, espete as asinhas e leve a churrasqueira em fogo brando.

3. Quando estiver dourado, retire da churrasqueira.

Prato pronto é só servir e bom apetite!

Tempo de preparo
50 min

Rendimento
4 porções

Ingredientes

- 500 g de filé de peito de frango
- Suco de limão
- Sal a gosto
- Bacon fatiado

Medalhão de Frango

1. Tempere o filé de peito com o suco de limão, sal a gosto e deixe descansar por 10 minutos.

2. Depois coloque bacon fatiado dentro do filé, enrole para fazer o medalhão, e coloque-os no espeto de alumínio.

3. Leve para assar em fogo médio, virando para que dourem por igual.

O tempo de preparo depende do braseiro utilizado.

Tempo de preparo

30 min

Rendimento

8 porções

Ingredientes

- 2 filés de panceta
- 4 dentes de alho picado
- Sal fino a gosto
- Cheiro verde picado a gosto
- Manjerona a gosto
- Suco de 1 limão

Panceta

1. Tempere a panceta com alho, sal, cheiro verde, manjerona e limão e deixe marinar por 10 minutos.

2. Leve à churrasqueira em fogo brando.

3. Quando os filés estiverem dourados, retire da churrasqueira.

Prato pronto é só servir e bom apetite!

Tempo de preparo

45 min

Rendimento

8 porções

Ingredientes

- 1 peixe pacu inteiro
- Alho a gosto
- Suco de limão a gosto
- Alecrim a gosto
- Pimenta-do-reino branca moída a gosto
- Pimenta-do-reino preta moída a gosto
- Semente de coentro moída a gosto
- Cominho moído a gosto
- Páprica picante a gosto
- Azeite a gosto
- Cerveja a gosto
- Sal a gosto

Pacu Assado

1. Com o peixe já limpo, faça cortes diagonais e reserve.

2. Com um pilão, soque o alho com 2g de sal até virar uma pasta, acrescente o alecrim picado, os condimentos, o suco de limão e o azeite. Misture bem e adicione sal, se necessário.

3. Passe a pasta no peixe por dentro e por fora, deixando por aproximadamente 1hora e meia.

4. Após, coloque o peixe na grelha e leve a churrasqueira, acomodando-o na parte mais alta.

5. Acrescente a cerveja na pasta que restou e vá regando o peixe enquanto assa. Vire os dois lados, regando sempre até ficar bem assado.

Tempo de preparo

2 horas

Rendimento

8 porções

Ingredientes

- 5 dentes de alho
- 1/2 copo (americano) de azeite, margarina ou manteiga
- 1 pitada de sal
- 1 batata cozida e descascada

Pasta de Alho para churrasco

1. Bata todos os ingredientes no liquidificador.

2. Depois de ter cortado o pão como torradas, passe a pasta espalhando bastante.

3. Depois é só colocar na brasa para grelhar um pouco.

Tempo de preparo

30 min

Rendimento

10 porções

Ingredientes

- 250 g de margarina
- 200 g de azeitonas verdes
- 200 g de azeitonas pretas
- 2 latas de milho verde
- 2 pimentões picados
- 6 ovos cozidos picados
- 500 g de farinha de mandioca
- 2 copos de arroz cozido
- 1 cebola média picada

Farofa

1. Derreta a margarina, frite a cebola, os tomates, pimentões e misture os ingredientes.

2. Por último, o arroz e a farinha de mandioca.

Muito bom acompanhamento para o churrasco.

Tempo de preparo
30 min

Rendimento
4 porções

Ingredientes

- Pão francês
- 1 pote de maionese
- 1 caixa de catupiry
- Alho a gosto

Pão de Alho

1. Antes de preparar o pão de alho é preciso fazer uma pasta para rechear o pão.

2. Leve à maionese, o catupiry e os dentes de alho ao liquidificador e bata. Pronto, a primeira etapa já está feita.

3. Para fazer a segunda, corte o pão como se fosse fatiá-lo em rodelas, mas não separe-as.

4. Recheie cada corte e feche o pão com um espeto.

5. Passe mais uma camada da pasta de alho envolta do pão e leve à churrasqueira. Um minuto no fogo quente é suficiente para deixar o pão crocante e douradinho.

É um ótimo aperitivo, por ser saboroso e prático de fazer.

Tempo de preparo

30 min

Rendimento

10 porções

Anéis de Cebola

Ingredientes

- 4 cebolas bem grandes descascadas
- 1 lata de cerveja clara

Para Empanar

- 3 ovos
- 1 xícara (chá) de farinha de trigo
- 1 colher (sopa) de azeite de oliva
- 1 colher (chá) de sal
- 1 colher (chá) de bicarbonato de sódio
- 1/2 colher (café) de noz-moscada em pó

Para fritar

- Óleo de milho em abundância

---

1. Com uma faca bem afiada corte as cebolas em fatias de 1cm de espessura e destaque os anéis.

2. Despeje a cerveja em uma vasilha refratária, junte os anéis de cebola e deixe marinar durante 30 minutos.

3. Em outra vasilha coloque os ingredientes para empanar e misture com um batedor de arame até obter uma massa mole. Deixe essa massa descansar na geladeira durante 15 minutos.

4. Tire os anéis de cebola da cerveja e seque-os com papel absorvente.

5. Aqueça bem o óleo (½ litro, no mínimo) em fogo médio em uma panela bem grande.

6. Quando o óleo estiver bem quente retire a massa da geladeira, passe cada anel de cebola nela e frite de 2 em 2 ou de 3 em 3 de cada vez para que não grudem formando um amontoado que vai ser difícil separar com a escumadeira.

7. Frite durante 2 minutos de cada lado até que fiquem dourados.

8. Retire-os e coloque para escorrer em uma travessa forrada com papel absorvente.

Tempo de preparo
30 min

Rendimento
4 porções

Ingredientes

- 1 kg de drummets (a coxinha da asa do frango)
- 1 kg de tulipas (o meio da asa do frango)

Para a Marinada
- 1 xícara (café) de suco de limão
- 2 colheres (sopa) de mel
- 1 xícara (café) de ketchup
- 2 colheres (sopa) de molho shoyu
- 1 colher (chá) de molho de pimenta vermelha
- 1 colher (chá) de colorau
- 2 dentes de alho descascados
- 1 colher (sopa) de ajinomoto
- 1 colher (café) de sal fino
- 1 colher (sopa) de maionese

Drummets e Tulipas com Limão e Mel

1. Coloque todos os ingredientes da marinada no liquidificador e deixe bater até obter um líquido espesso.

2. Coloque os drummets e tulipas em uma vasilha de plástico, vidro ou refratário (nunca de metal), cubra com a marinada e deixe na geladeira durante 12 horas.

3. Mexa de vez em quando.

4. Coloque os drummets e as tulipas em espetos simples (ou naquelas grelhas duplas, que fecham) e leve à churrasqueira a uma distância de 35cm do braseiro forte e bem formado.

5. Retire quando estiverem bem crocantes por fora.

Tempo de preparo
30 min

Rendimento
10 porções

Ingredientes

- 100 g de maionese
- 3 dentes de alho amassados
- 30 g de salsinha picada
- 50 g de mostarda em pasta

Molho de Mostarda

1. Bata a maionese, o alho amassado e a mostarda no liquidificador, pelo tempo suficiente para obter um creme homogêneo e consistente.

2. Transfira o creme para uma molheira e acrescente a salsinha picada, mexendo com uma colher para que ela se integre ao molho de maneira uniforme.

É um molho que dá sabor especial às carnes grelhadas e deve ser servido como acompanhamento para quem gosta de acrescentar um toque exótico ao tempero feito apenas com sal grosso, prática mais do que tradicional dos gaúchos.

Tempo de preparo

30 min

Rendimento

4 porções

Ingredientes

- 3 colheres (sopa) de manteiga
- 150 g de bacon picado
- Cenoura em cubos a gosto
- Vagem em cubos a gosto
- 500 g de farinha de milho

Farofa de Milho

1. Utilizando uma frigideira, frite o bacon na manteiga, feito isso, adicione os cubos de vagem e cenoura e deixe refogar junto ao bacon.

2. Em uma vasilha adicione a farinha de milho e em seguida misture o refogado.

Prato pronto é só servir e bom apetite!

Tempo de preparo

20 min

Rendimento

6 porções

Equivalência de Pesos e Medidas

Passo a Passo

1. Afofe e peneire ingredientes secos como farinhas, açúcar e outros, antes de serem medidos. Coloque-os cuidadosamente no recipiente de medida, sem serem comprimidos ou sacudidos.

2. Coloque o recipiente para medir ingredientes líquidos sobre uma superfície reta e verifique o nível na altura da vista.

3. Retire da geladeira com antecedência as gorduras sólidas como manteigas, margarinas, banhas e outras, para que sejam medidas na temperatura ambiente. Coloque no recipiente de medida, apertando para que não fiquem buracos vazios ou bolhas de ar.

Como medir Líquidos

Coloque o recipiente graduado, ou a xícara em cima da mesa e encha com o líquido até a marca desejada. Se usar colher, encha até a borda sem derramar.

Como medir Ingredientes Secos

Encha a xícara ou o recipiente com a farinha, o açúcar, chocolate em pó, etc… e não comprima, nem sacuda. Apenas passe uma faca por cima para tirar o excesso.

Como medir Gorduras Sólidas

Para medir manteiga, margarina, gordura vegetal na xícara, encha toda a xícara comprimindo com a ajuda de uma colher, depois passe uma faca por cima para tirar o excesso.

Copos, xícaras e ml	
1 xícara	240 ml
1 copo de requeijão	240 ml
1 copo duplo	240 ml

Pesos e Medidas		
1 litro	4 copos americanos	1000 ml
1 xícara	16 colheres (sopa)	240 ml
1 colher (sopa)	3 colheres (chá)	15 ml
1 colher (chá)	1/3 colher (sopa)	5 ml

Ingredientes (1 xícara de chá)	
Açúcar	160 g
Araruta	150 g
Arroz cru	210 g
Amêndoas, nozes e castanhas	140 g
Aveia	80 g
Banha	230 g
Chocolate em pó	90 g
Coco seco ralado	80 g
Farinha de mandioca	150 g
Farinha de rosca	80 g
Farinha de trigo	120 g
Fubá	120 g
Maisena	150 g
Manteiga	230 g
Mel	300 g
Polvilho	150 g
Queijo ralado	80 g
Uva Passa	140 g

Equivalência de Pesos e Medidas

Equivalências (g)	
1 litro	equivale a 6 xícaras (chá) ou 4 copos
1 garrafa	equivale a 3 e 1/2 xícaras (chá) ou 2 e 1/2 copos
1 copo de água comum	equivale a 250 g
1 prato fundo nivelado	equivale a 200 g
1 xícara (chá) de líquido	equivale a 150 g ou 20 colheres (sopa)
1 xícara (chá) rasa de açúcar	equivale a 120 g
1/4 xícara (chá) de líquido	equivale a 5 colheres (sopa)
1/3 xícara (chá) de líquido	equivale a 6 colheres (sopa)
1/2 xícara (chá) de líquido	equivale a 10 colheres (sopa)
2/3 xícara (chá) de líquido	equivale a 12 colheres (sopa)
3/4 xícara (chá) de líquido	equivale a 15 colheres (sopa)
1 cálice	equivale a 9 colheres (sopa) de líquido
1 quilo	equivale a 5 e 3/4 xícaras (chá)
250 g de manteiga	equivale a 1 e 1/4 xícara (chá)
1/4 de xícara (chá) de manteiga ou margarina	equivale a 4 colheres (sopa)
1 xícara (chá) de amendoim torrado	equivale a 140 g
1 xícara (chá) de farinha de rosca	equivale a 150 g
1 colher (sopa) de farinha de rosca	equivale a 11 g
1 xícara (chá) de coco ralado seco	equivale a 75 g
1 xícara (chá) de óleo	equivale a 170 g
1 colher (sopa) de óleo	equivale a 10 g
1 colher (sopa) de sal	equivale a 13 g
1 colher (chá) de sal	equivale a 5 g
1 colher (sopa) de fermento em pó	equivale a 12 g
1 colher de chá de fermento em pó	equivale a 5 g
1 xícara (chá) de maisena	equivale a 120 g
1 colher (sopa) de maisena	equivale a 8 g
1 colher (chá) de maisena	equivale a 2 g
1 pitada é o tanto que se pode segurar entre as pontas de dois dedos ou 1/8 de colher	

Líquidos (leite, água, óleo, bebidas alcoólicas, café etc.) (ml)

1 xícara	240 ml
1/2 xícara	120 ml
1/3 xícara	80 ml
1/4 xícara	60 ml
1 colher (sopa)	15 ml
1 colher (chá)	5 ml

Chocolate em pó (cacau em pó)

1 xícara	90 g
1/2 xícara	45 g
1/3 xícara	30 g
1/4 xícara	20 g
1 colher (sopa)	6 g

Manteiga (margarina e gordura vegetal)

1 xícara	200 g
1/2 xícara	100 g
1/3 xícara	54 g
1/4 xícara	16 g
1 colher (sopa)	20 g

Açúcar

1 xícara	180 g
1/2 xícara	90 g
1/3 xícara	60 g
1/4 xícara	45 g
1 colher (sopa)	12 g
1 colher (chá)	4 g

Farinha de trigo

1 xícara	120 g
1/2 xícara	60 g
1/3 xícara	40 g
1/4 xícara	30 g
1 colher (sopa)	10 g